Impressum
Verlag: BABADADA GmbH, Nedderfeld 112 , 22529 Hamburg
Geschäftsführer / Verlagsleitung: Harald Hof
Druck: Books on Demand GmbH, In de Tarpen 42, 22848 Norderstedt

Imprint
Publisher: BABADADA GmbH, Nedderfeld 112 , 22529 Hamburg, Germany
Managing Director / Publishing direction: Harald Hof
Print: Books on Demand GmbH, In de Tarpen 42, 22848 Norderstedt, Germany

مدرسه

ምህር ቤ

كلاس درس
መማሪያ ክፍል

تقسیم کردن
ማካፈል

186/2

حیاط مدرسه
የትምህርት ቤት ቅጥር
ግቢ

تخته
ሰሌዳ

معلم
መምህር

کاغذ
ወረቀት

نوشتن
መጻፍ

خودکار
እስክርብቶ

میز تحریر
መጻፊያ ጠረጴዛ

خط کش
ማስመሪያ

کتاب
መጽሐፍ

دانش آموز
ተማሪ

کیف مدرسه
የጀርባ ቦርሳ

جامدادی
የእርሳስ መያዣ

مداد
እርሳስ

تراش
የእርሳስ መቅረጫ

پاک کن
ላጲስ

دفتر رسم
የስዕል ደብተር

2   مدرسه - ትምህርት ቤት

طراحی

ስዕል

قلم مو

የቀለም ብሩሽ

جعبه ی آبرنگ

የቀለም ሳጥን

قیچی

መቀስ

چسب

ማጣበቂያ

کتاب تمرین

መልመጃ ደብተር

تکلیف خانه

የቤት ስራ

12

رقم

ቁጥር

2+2

جمع کردن

መደመር

5-2

تفریق کردن

መቀነስ

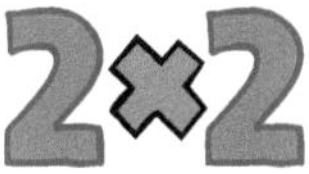

2×2

ضرب کردن

ማባዛት

محاسبه کردن

ቁጥሮችን ማስላት

A

حرف الفبا

ደብዳቤ

ABCDEFG HIJKLMN OPQRSTU VWXYZ

الفبا

ፊደላት

hello

کلمه

ቃል

متن

ፅሑፍ

خواندن

ማንበብ

گچ

ጠመኔ

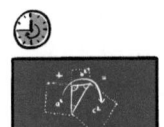

درس

ትምህርት

ثبت نام

ምዝገባ

امتحان

ፈተና

مدرک رسمی

ሰርተፊኬት

لباس مدرسه

የትምህርት ቤት የደንብ ልብስ

تحصیلات

ትምህርት

دانشنامه

አዉደ ጥበብ

دانشگاه

ዩኒቨርስቲ

میکروسکوپ

የምርምር አጉሊ መሳርያ

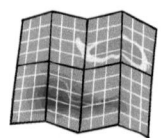

نقشه

ካርታ

سبد کاغذ باطله

የቆሻሻ ወረቀት መጣያ ቅርጫት

هتل
ሆቴል

Grand

مسافرخانه
ማረፊያ ቤት

ROOMS

صرافی
የውጭ ገንዘብ ምንዛሪ ቢሮ

EXCHANGE

چمدان
ልብስ መያዣ ሻንጣ

اتومبیل
መኪና

زبان
....
ቋንቋ

بله / خیر
....
አዎ/ አይደለም

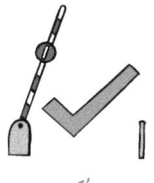

اکی
....
እሺ

سلام
....
ሰላም

مترجم
....
አስተርጓሚ

ممنون
....
አመሰግናለሁ

قیمت ... چه قدر است؟

ስንት ነዉ.......?

من متوجه نمی شوم

አልገባኝም

مشکل

እክል

عصر بخیر! / شب بخیر!

እንደምን አመሹ!

صبح بخیر!

እንደምን አደሩ!

شب بخیر!

መልካም ምሽት!

خدانگهدار

ደህና ይሰንብቱ

جهت

አቅጣጫ

بار سفر

ሻንጣ

کیف

ቦርሳ

کوله پشتی

የጀርባ ቦርሳ

مهمان

እንግዳ

اتاق

ክፍል

کیسه خواب

የመተኛ ቦርሳ

خیمه

ድንኳን

مرکز راهنمای گردشگران

የጎብኚዎች መረጃ

ساحل

የባህር ዳርቻ

کارت اعتباری

ክሬዲት ካርድ

صبحانه

ቁርስ

نهار

ምሳ

شام

እራት

بلیط

ቲኬት

آسانسور

አሳንሰር

مهر

ማህተም

مرز

ድንበር

گمرک

ባህሎች

سفارتخانه

ኤምባሲ

ویزا

ቪዛ/የይለፍ ወረቀት

گذرنامه

ፓስፖርት

መጓጓዣ

هواپیما
አዉሮፕላን
کشتی
መርከብ
ماشین آتش نشانی
የእሳት አደጋ መኪና
اتوبوس
አዉቶብስ
کامیون
የጭነት መኪና
قایق موتوری
የሞተር ጀልባ
دوچرخه
ብስክሌት
اتومبیل
መኪና

کشتی مسافربری

የማመላለሻ ጀልባ

قایق

ጀልባ

موتورسیکلت

የሞተር ብስክሌት

ماشین پلیس

የፖሊስ መኪና

ماشین مسابقه

የዉድድር መኪና

ماشین کرایه ای

የኪራይ መኪና

به اشتراک گذاری اتوموبیل

....

የመኪና መጋራት

جرثقیل

....

ጎታች መኪና

ماشین حمل زباله

....

የቆሻሻ ጭነት መኪና

موتور

....

ሞተር

بنزین

....

ነዳጅ

پمپ بنزین

....

የቤንዚን ማደያ

تابلو راهنمایی و رانندگی

....

የመንገድ ምልክት

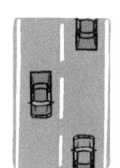

عبور و مرور

....

የመኪኖች እንቅስቃሴ

ترافیک

....

የመኪና መጨናነቅ

پارکینگ

....

የመኪና ማቆሚያ

ایستگاه قطار

....

የባቡር ጣቢያ

ریل راه آهن

....

የባቡር ሀዲዶች

قطار

....

ባቡር

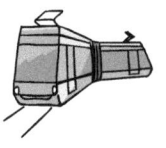

قطار برقی

....

የኤሌክትሪክ ባቡር

واگن

....

ሰረገላ

هلیکوپتر

....

ሄሊኮፕተር

فرودگاه

....

አየር ማረፊያ

برج

....

ማማ

مسافر

....

መንገደኛ

کانتینر

....

ማስቀመጫ፤ ማጠራቀሚያ

کارتن

....

ካርቶን እቃ ማሸጊያ

گاری

....

ጋሪ፤ ተሳቢ

سبد

....

ቅርጫት

به پرواز درآمدن / فرود آمدن

....

መነሳት/ ማረፍ

شهر

ከተማ

دهکده

....

መንደር

مرکز شهر

....

የከተማ ማዕከል

خانه

....

ቤት

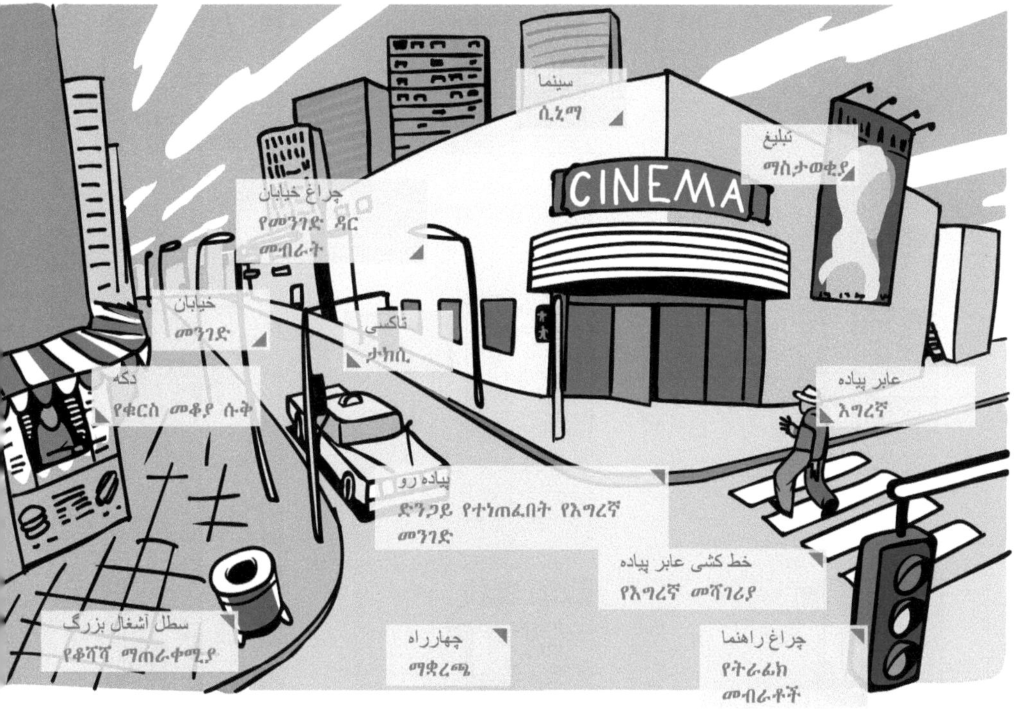

سینما
ሲኒማ
تبلیغ
ማስታወቂያ
چراغ خیابان
የመንገድ ዳር መብራት
خیابان
መንገድ
تاکسی
ታክሲ
دکه
የቁርስ መቆያ ሱቅ
عابر پیاده
እግረኛ
پیاده رو
ድንጋይ የተነጠፈበት የእግረኛ መንገድ
خط کشی عابر پیاده
የእግረኛ መሻገሪያ
سطل آشغال بزرگ
የቆሻሻ ማጠራቀሚያ
چهارراه
ማቋረጫ
چراغ راهنما
የትራፊክ መብራቶች

کلبه

ጎጆ

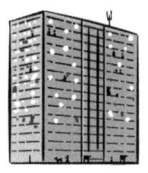

آپارتمان

አፓርታማ

ایستگاه قطار

የባቡር ጣቢያ

ساختمان شهرداری

የከተማ አዳራሽ

موزه

ቤተ መዘክር

مدرسه

ትምህርት ቤት

دانشگاه

ዩኒቨርስቲ

بانک

ባንክ

بیمارستان

ሆስፒታል

هتل

ሆቴል

داروخانه

መድሐኒት ቤት

اداره

ቢሮ

کتابفروشی

መፅሐፍ መሸጫ

مغازه

ሱቅ

گل فروشی

የአበባ መሸጫ

سوپرمارکت

የሸቀጣ ሸቀጥ መደብር

بازار

ገበያ ስፍራ

فروشگاه بزرگ

መደብር

ماهی فروش

የዓሳ ነጋዴ

مرکز خرید

የገበያ ማዕከል

بندر

ወደብ

12 شهر - ከተማ

پارک

መናፈሻ ቦታ

نیمکت

አግዳሚ ወንበር

پل

ድልድይ

پله

ደረጃዎች

مترو

ዉስጥ ለዉስጥ

تونل

ዋሻ

ایستگاه اتوبوس

የአዉቶቡስ ፌርማታ

میخانه

ባር

رستوران

ምግብ ቤት

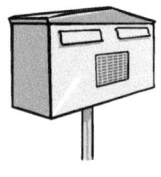

صندوق پست

የፖስታ ሳጥን

تابلوی خیابان

የመንገድ ምልክት

دستگاه پارکومتر

የመኪና ማቆሚያ ሒሳብ የሚያሰላ ማሽን

باغ وحش

የደር እንስሳት ማቆያ

استخر شنای عمومی

የመዋኛ ገንዳ

مسجد

መስጊድ

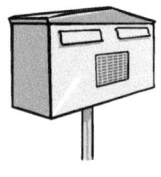

مزرعه

እርሻ

آلودگی محیط زیست

የሚበክል ነገር

قبرستان

መቃብር ስፍራ

کلیسا

ቤተ ክርስቲያን

زمین بازی

መጫወቻ ሜዳ

معبد

ቤተ መቅደስ

چشم انداز

መልከዓምድር

برگ
ቅጠል

تابلوی راهنمای مسیر
የመንገድ ላይ ምልክት

راه
መንገድ

چمنزار
አረንጓዴ መስክ

سنگ
ድንጋይ

درخت
ዛፍ

راه نوَرد
በእግሩ የሚጓዝ

رودخانه
ወንዝ

چمن
ሳር

گل
አበባ

دره

....

ሸለቆ

تپه

....

ኮረብታ

دریاچه

....

ሀይቅ

جنگل

....

ጫካ

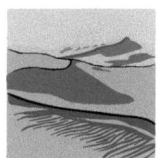

بیابان

....

በረሃ

کوه آتشفشان

....

እሳተ ገሞራ

قلعه

....

ግምብ

رنگین کمان

....

ቀስተ ዳመና

قارچ

....

እንጉዳይ

درخت نخل

....

የቴምብር ዛፍ/ ዘንባባ

پشه

....

ቢንቢ/ የወባ ትንኝ

مگس

....

በራሪ

مورچه

....

ጉንዳን

زنبور

....

ንብ

عنکبوت

....

ሸረሪት

سوسک

ጢንዚዛ

قورباغه

እንቁራሪት

سنجاب

ሽኮኮ

جوجه تیغی

ጃርት

خرگوش صحرایی

ጥንቸል

جغد

ጉጉት ወፍ

پرنده

ወፍ

قو

የዉሃ ዳክዬ

گراز

ከርከሮ

گوزن نر

አጋዘን

گوزن شمالی

አጋዘን

سد آب

ግድብ

توربین بادی

በነፋስ የሚሽከረከር

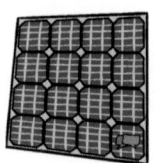

صفحه ی خورشیدی

የፀሀይ ፓኔሎ

آب و هوا

አየር ንብረት

پیشخدمت رستوران
አስተናጋጅ

منوی غذا
ማዉጫ

صندلی
ወንበር

سوپ
ሾርባ

پیتزا
ፒዛ

سرویس کارد و قاشق و چنگال
መከተፊያ

رومیزی
የጠረጴዛ ጨርቅ

پیش‌غذا

የምግብ ፍላጎትን የሚከፍት
ምግብ

غذای اصلی

ዋና ምግብ

دسر

ማጣጣሚያ ተከታይ ምግብ

نوشیدنی ها

መጠጦች

غذا

ምግብ

بطری

ጠርሙስ

فست فود

....

ፈጣን ምግብ

اغذیه خیابانی

....

የመንገድ ምግብ

قوری

....

የሻይ ማንቆርቆሪያ

قندان

....

የስኳር እቃ

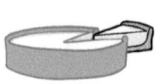

پُرس غذا

....

ድርሻ

دستگاه اسپرسو

....

የቡና ማፊያ ማሽን

صندلی پایه بلند غذاخوری بچه

....

ባለጌ ወንበር

صورتحساب

....

የክፍያ ደረሰኝ

سینی

....

ትሪ

چاقو

....

ቢላዋ

چنگال

....

ሹካ

قاشق

....

ማንኪያ

قاشق چایخوری

....

የሻይ ማንኪያ

دستمال سفره

....

ልብስ ምግብ እንዳይነካ የሚረዳ ጨርቅ

لیوان

....

ብርጭቆ

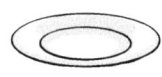

بشقاب

ዝርግ ሰሀን

بشقاب سوپخوری

የሾርባ ጎድጓዳ ሰሀን

نعلبکی

የስኒ ማስቀመጫ

سس

ማጣፈጫ ስጎ

نمکدان

የጨዉ እቃ

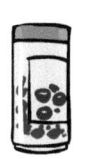

فلفل ساب

የተፈጨ ቃሪያ

سرکه

ኮምጣጤ

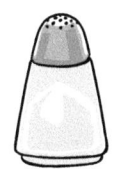

روغن خوراکی

የምግብ ዘይት

ادویه جات

ቀመማ ቅመሞች

سس کچاپ

የቲማቲም ድልህ

سس خردل

ሰናፍጭ

سس مایونز

ማዮኒዝ

سوپرمارکت

የሸቀጣ ሸቀጥ መደብር

پیشنهاد ویژه
ልዩ አቅራቦት
FOR
مشتری
ደምበኛ
لبنیات
የወተት ተዋፅዖ
میوه جات
ፍራፍሬ
چرخ دستی خرید
ባለ ጎማ የእጅ ጋሪ

قصابی

ሉካንዳ ነጋዴ

نانوایی

መጋገሪያ

وزن کردن

ክብደት መመዘን

سبزیجات

ቅጠላ ቅጠል አትክልት

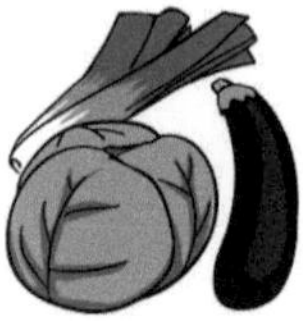

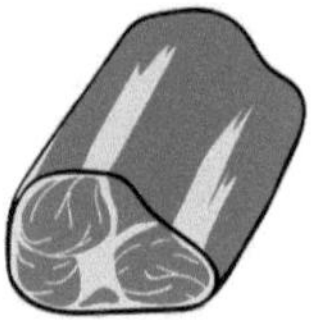

گوشت

ስጋ

غذای منجمد

የቀዘቀዘ/የረጋ ምግብ

مخلوطی از انواع کالباس یا پنیر ک
ورقه ای بریده شده باشند

ቀዝቃዛ ቁራጭ

غذای کنسروی

የታሸገ ምግብ

پودر لباسشویی

የማጠቢያ ዱቄት

شیرینی جات

ጣፋጮች

لوازم خانگی

የቤት ዉስጥ ዉጤቶች

ماده شوینده و پاک کننده

የፅዳት ምርቶች

فروشنده

የሽያጭ ባለሙያ

صندوق پرداخت

የገንዘብ መመዝቢያ ማሽን

صندوقدار

የሒሳብ ሰራተኛ

لیست خرید

የግዢ ዝርዝር

ساعات کار

ክፍት ሰዓታት

کیف پول

የኪስ ቦርሳ

کارت اعتباری

ክሬዲት ካርድ

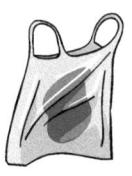

کیف

ቦርሳ

کیسه ی پلاستیکی

የፕላስቲክ ቦርሳ

نوشیدنی ها

መጠጦች

آب

....

ውሃ

آبمیوه

....

ጭማቂ

شیر

....

ወተት

نوشابه کوکاکولا

....

ኮካ-ኮላ

شراب

....

ወይን

آبجو

....

ቢራ

الکل

....

አልኮል

کاکائو

....

ኮካ

چای

....

ሻይ

قهوه

....

ቡና

قهوه اسپرسو

....

የተፈላ ቡና

کاپوچینو

....

ካፕቺኖ

موز
ሙዝ

سیب
ፖም

پرتقال
ብርቱካን

انواع هندوانه و خربزه
ሀብሀብ

لیمو
ሎሚ

هویج
ካሮት

سیر
ነጭ ሽንኩርት

نی بامبو
ሸምበቆ

پیاز
ቀይ ሽንኩርት

قارچ
እንጉዳይ

آجیل
ለዉዝ

ماکارونی
የህፃናት ምግብ

اسپاگتی

....

ፓስታ

برنج

....

ሩዝ

سالاد

....

ሰላጣ

سیب زمینی سرخ کرده

....

የድንች ጥብስ

سیب زمینی سرخ شده

....

ድንች ጥብስ

پیتزا

....

ፒዛ

همبرگر

....

ዳቦ ዉስጥ በስሱ ተጠብሶ የገባ ስጋ

ساندویچ

....

ሳንድዊች

شنیتسل

....

ጥሬ ስጋ

ژامبون خوک

....

የአሳማ ስጋ

سالامی

....

በቅመምና በጨዉ የታሸ ምግብ ቀዝቅዞ የሚበላ ሾርባ ምግብ

سوسیس

....

ቋሊማ

مرغ

....

ዶሮ

نوعی گوشت سرخ شده

....

ጥብስ

ماهی

....

አሳ

جوی پرک شده

....

የአጃ ገንፎ

نوعی صبحانه مخلوطی از برگه ذرت و
میوه های خشک شده و خشکبار که
معمولا با شیر خورده می شود

....

ከወተት ጋር ተደባልቀዉ የሚበሉ
ምግቦች

کورن‌فلکس

....

የበቆሎ ቅርፊት

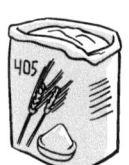

آرد

....

ዱቄት

کرواسان

....

ኩራሳ

نان بروتشن

....

ድብልብል ዳቦ

نان

....

ዳቦ

نان تست

....

መጥበስ

بیسکویت

....

ብስኩት

کره

....

ቅቤ

کشک

....

እርጎ

کیک

....

ኬክ

تخم مرغ

....

እንቁላል

تخم مرغ نیمرو

....

እንቁላል ጥብስ

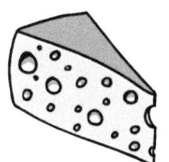

پنیر

....

አይብ

بستنی
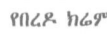
የበረዶ ክሬም

شکر
ስኳር

عسل
ማር

مربا
ማርማላት

کرم شکلاتی بادامی
የተናጠ የወተት ክሬም

ادویه کاری
ማጣፈጫ

مزرعه
እርሻ

خانه ی مزرعه داران
የገበሬ ቤት
انبار غله
የእህልና የከብት ማቀመጫ ቤት
የጭድ ክምር
مزرعه
ሜዳ
اسب
ፈረስ
ماشین یدک کش
ተሳቢ መኪና
تراکتور
የእርሻ መኪና
کره اسب
የፈረስ ዉርንጭላ
خر
አህያ
گوسفند
በግ
بره
የበግ ጠቦት

بز
ፍየል

گاو ماده
ላም

گوساله
ጥጃ

خوک
አሳማ

بچه خوک
ግልገል አሳማ

گاو نر
ኮርማ

مزرعه - እርሻ 27

غاز

ዝይ

اردک

ዳክዬ

جوجه

የዶሮ ጫጩት

مرغ

ዶር

خروس

አዉራ ዶሮ

موش صحرایی

አይጥ

گربه

ደድመት

موش

አይጥ

گاو نر اخته

በሬ

سگ

ዉሻ

لانه ی سگ

የዉሻ ቤት

شلنگ باغبانی

የአትክልት ቦታ

آبپاش

ዉሃ ማጠጫ ባልዲ

داس دسته بلند

ረጅም ማጭድ

گاوآهن

ማረሻ

28 مزرعه - እርሻ

داس

ማጭድ

کج بیل

መኮትኮቻ

چنگک باغبانی

የእህል መንሽ

تبر

መጥረቢያ

فرقون

ኩርኩር/ የእጅ ጋሪ

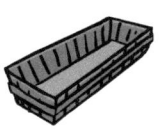

آبشخور

ገንዳ

بطری نگهداری شیر

የወተት ዕቃ

کیسه

ጆንያ ከረጢት

حصار

አጥር

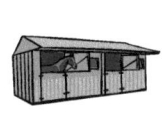

اصطبل

የፈረስ ጋጣ

گلخانه

ዕፅዋት ማሳደጊያ የመስታዉት ቤት

خاک

አፈር

بذر

ዘር

کود

የመሬት ማዳበሪያ

ماشین کمباین

ጥምር ማረሻ

برداشت کردن محصول

....

አዝመራ መሰብሰብ

محصول

....

አዝመራ

تمیس

....

ድንች

گندم

....

ስንዴ

سویا

....

ሶያ

سیب زمینی

....

ድንች

ذرت

....

በቆሎ

کلزا

....

የከብት መኖ

درخت میوه

....

የፍሬ ዛፍ

گیاه مانیوک

....

የካሳቫ ዛፍ

غلات

....

እህል

خانه

ቤት

دودکش
پشت بام
ጣራ
ناودان
گاراژ
ጋራዥ
زنگ در
የበር ደወል
پنجره
መስኮት
در
በር
سطل آشغال
የቆሻሻ ማጠራቀሚያ
صندوق مراسلات
ፖስታ ሳጥን
باغ
የአትክልት ቦታ

اتاق نشیمن

ሳሎን

حمام

መታጠቢያ ቤት

آشپزخانه

ማድቤት

اتاق خواب

መኝታ ቤት

اتاق بچه

የልጅ ክፍል

ناهارخوری

መመገቢያ ክፍል

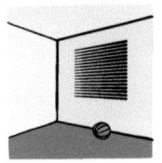

کف زمین

ወለል

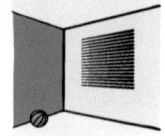

دیوار

ግድግዳ

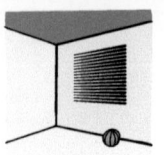

سقف

ጣሪያ

زیرزمین

ምድር ቤት

سونا

በእንፋሎት ሙቀት መታጠቢያ
ቤት

بالکن

ሰገነት

تراس

ከፍ ያለ መደብ

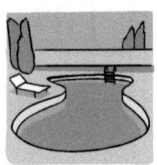

استخر

የመዋኛ ገንዳ

ماشین چمنزنی

የማጨጃ መኪና

ملافه

አንሶላ

روتختی

የአልጋ ልብስ

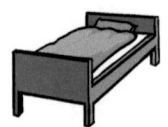

تخت خواب

አልጋ

جارو

መጥረጊያ

سطل

ባልዲ

سویچ یا کلید

ማብሪያና ማጥፊያ

اتاق نشیمن

ሳሎን

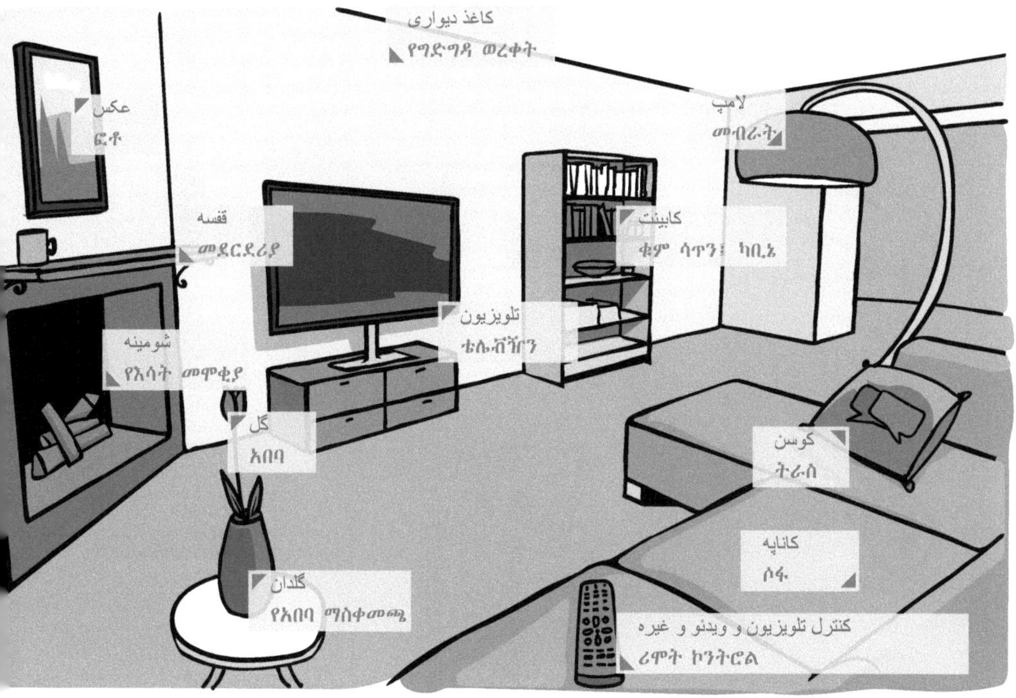

کاغذ دیواری
የግድግዳ ወረቀት
عکس
ፎቶ
لامپ
መብራት
قفسه
መደርደሪያ
کابینت
ቁም ሳጥን፣ ካቢኔ
تلویزیون
ቴሌቭዥን
شومینه
የእሳት መሞቂያ
گل
አበባ
کوسن
ትራስ
کاناپه
ሶፋ
گلدان
የአበባ ማስቀመጫ
کنترل تلویزیون و ویدئو و غیره
ሪሞት ኮንትሮል

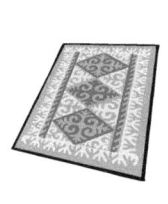

فرش

ንጣፍ

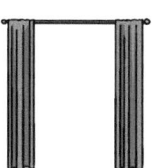

پرده

መጋረጃ

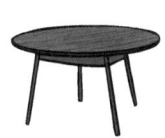

میز

ጠረጴዛ

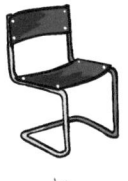

صندلی

ወንበር

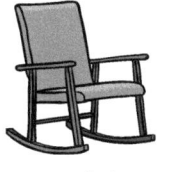

صندلی گهواره ایی

ተወዛዋዥ ወንበር

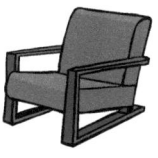

صندلی راحتی

ባለመደገፊያ ወንበር

کتاب

መጽሐፍ

لحاف

ብርድ ልብስ

دکوراسیون

ጌጥ

هیزم

ማገዶ

فیلم

ፊልም

دستگاه ضبط صوت

የሙዚቃ መጫወቻ

کلید

ቁልፍ

روزنامه

ጋዜጣ

تابلو نقاشی

ስዕል

پوستر

የተለጠፈ ማስታወቂያ እንደ ስዕል

رادیو

ራዲዮ

دفترچه یادداشت

ማስታወሻ ደብተር

جاروبرقی

የአየር ማፅጃ ለምንጣፍ

کاکتوس

ቁልቋል

شمع

ሻማ

آشپزخانه
ማድቤት

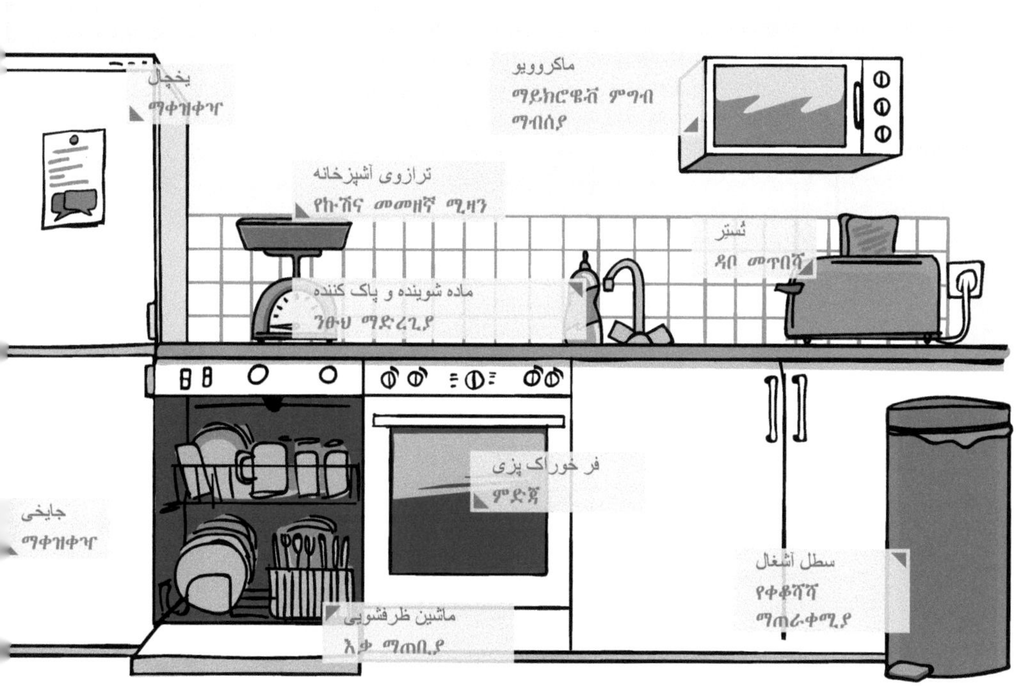

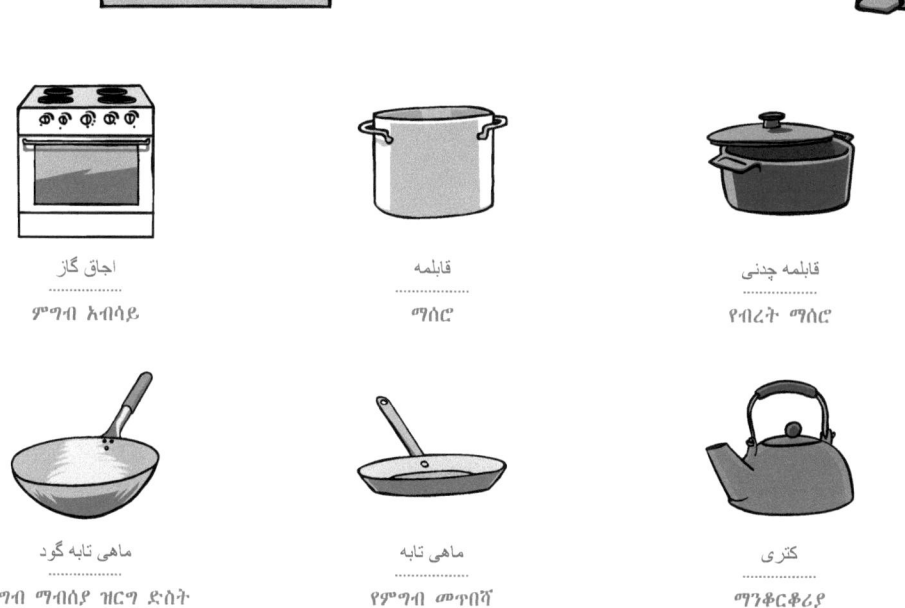

یخچال
ማቀዝቀዣ
ماکروویو
ማይክሮዌቭ ምግብ ማብሰያ
ترازوی آشپزخانه
የኩሽና መመዘኛ ሚዛን
تُستر
ዳቦ መጥበሻ
ماده شوینده و پاک کننده
ንፁህ ማድረጊያ
فر خوراک پزی
ምድጃ
جایخی
ማቀዝቀዣ
سطل آشغال
የቆሻሻ ማጠራቀሚያ
ماشین ظرفشویی
እቃ ማጠቢያ

اجاق گاز

ምግብ አብሳይ

قابلمه

ማሰሮ

قابلمه چدنی

የብረት ማሰሮ

ماهی تابه گود

ምግብ ማብሰያ ዝርግ ድስት

ماهی تابه

የምግብ መጥበሻ

کتری

ማንቆርቆሪያ

بخارپز

....

የእንፋሎት ማብሰያ

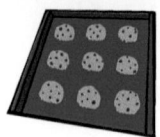

سینی فر

....

የመጋገሪያ ትሪ

ظرف چینی آشپزخانه

....

ሰብስቦች

لیوان

....

ትልቅ ኩባያ

کاسه

....

ጎድጓዳ ሳህን

چاپستیک

....

ቾፕስቲክስ

ملاقه

....

ጭልፋ

کفگیر

....

መስቅሰቂያ ዝርግ ማንኪያ

همزن

....

ማደባለቂያ

آبکش

....

መወጠሪያ

آبکش

....

ወንፊት

رنده

....

መፈርፈሪያ መሳሪያ

هاون

....

ሲሚንቶ

باربیکیو

....

የፍም ጥብስ

محل مخصوص افروختن آتش

....

የተለቀቀ እሳት

تخته گوشت و سبزی

....

መክተፊያ

وردنه

....

ተንሸራታች መርፌ

در بطری بازکن

....

የጠርሙስ መክፈቻ

قوطی

....

ጣሳ

در قوطی بازکن

....

የጣሳ መክፈቻ

دستگیره پارچه ای

....

የማሰሮ መሸፈኛ

سینک ظرفشویی

....

ሳህን ማጠቢያ

برس گردگیری

....

ብሩሽ

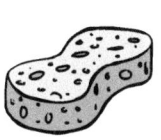

اسفنج

....

ስፖንጅ

مخلوط کن

....

መደባለቂያ መሳሪያ

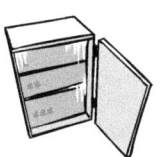

فریزر

....

በጣም ማቀዝቀዣ

شیشه شیر بچه

....

ጡጦ

شیر آب

....

ቧንቧ

حمام

መታጠቢያ ቤት

بخاری
ማሞቂያ
መታጠቢያ
حوله
ፎጣ
پرده ی حمام
የመታጠቢያ ቤት መጋረጃ
حمام کف
የአረፋ መታጠቢያ
وان حمام
የመታጠቢያ ገንዳ
لیوان
ብርጭቆ
ماشین لباسشویی
የልብስ ማጠቢያ
شیر آب
ቧንቧ
کاشی
ማዕዘን ወለል
لگن دستشویی کودکان
سینک ظرفشویی
ሳህን ማጠቢያ

توالت
ሽንት ቤት

توالت ایرانی
የሽንት ቤት መቀመጫ

کاسه توالت
ሳፋ

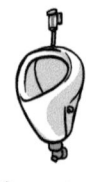

توالت مخصوص آقایان
የመንገድ ዳር መሽኛ

دستمال توالت
የሽንት ቤት ወረቀት

فرچه توالت
የሽንት ቤት ማፅጃ ብሩሽ

مسواک

የጥርስ ብሩሽ

خمیردندان

የጥርስ ሳሙና

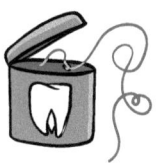

نخ دندان

የጥርስ ማፅጃ ክር

شستن

መታጠብ

دوش آب تلفنی

የእጅ መታጠቢያ

شلنگ توالت

መታጠቢያ

لگن روشویی

ጎድጓዳ ሳህን

برس شست و شوی پشت

የጀርባ ብሩሽ

صابون

ሳሙና

شامپو بدن

መታጠቢያ የሚዝለገለግ ሳሙና

شامپو

የፀጉር መታጠቢያ ሳሙና

لیف حمام

ለስላሳ ጨርቅ

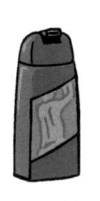

راه آب

ፍሳሽ

کرم

ክሬም

اسپری دئودورانت

ጠረን መቀየሪያ ንጥረ ነገር

آیینه

መስታወት

آیینه ی کوچک دستی

የእጅ መስታወት

تیغ ریش تراشی

ምላጭ

کف ریش‌تراشی

የመላጫ አረፋ

افترشیو

ከመላጨት በኋላ የሚቀባ ሽቱ

شانه ی سر

ማበጠሪያ

برس

ብሩሽ

سشوار

የፀጉር ማድረቂያ

اسپری مو

በፀጉር ላይ የሚነፋ

آرایش

የፊት መቀባቢያ

رژلب

የከንፈር ቀለም

لاک ناخن

የጥፍር ቀለም

پنبه

የጥጥ ሱፍ

قیچی ناخن

ጥፍር መቁረጫ

عطر

ሽቶ

کیف لوازم آرایشی و بهداشتی

....

ማጠቢያ ባልዲ

چهارپایه

....

መቀመጫ

ترازو

....

ሚዛን

حوله ی پالتویی

....

የመታጠቢያ ልብስ

دستکش ظرفشویی

....

የላስቲክ ጓንት

تامپون

....

ሞዴስ

نوار بهداشتی

....

የፅዳት ፎጣ

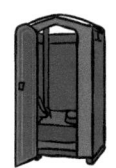

توالت سیار

....

የሽንት ቤት ኬሚካል

اتاق بچه

የልጅ ክፍል

ساعت زنگدار
የማንቂያ ደዉል ሰዐት
نوعی عروسک نرم به شکل حیوانات
የህፃን አሻንጉሊት
ماشین اسباب بازی
የመጫወቻ መኪና
جغجغه
መጫወቻ
خانه ی عروسکی
የአሻንጉሊት ቤት
کادو
ስጦታ

بادکنک

ፊኛ

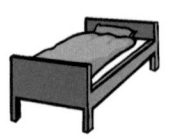

تخت خواب

አልጋ

کالسکه بچه

የህፃን ማንሸራሸሪያ ጋሪ

بازی ورق

የካርታ መጫወቻ

پازل

ቁርጥራጭ ምስሎችን የማገጣጠም
እና ምስል የማግኘት ጨዋታ

داستان مصور

አዝናኝ

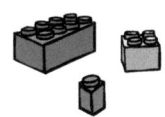

اسباب بازی لگو

ተገጣጣሚ መጫወቻ

خانه سازی

የመጫወቻ መገጣጠሚያዎች

عروسک شخصیت های فیلم و کارتون

የድርጊት ምስል

لباس نوزاد

የህፃን እድገት

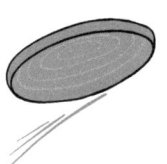

فریزبی

የፕላስቲክ መጫወቻ ዝርግ ሰሀን

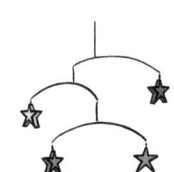

نوعی اسباب بازی که روی تخت نوزاد
یا کودک نصب می شود

ተወዛዋዥ የህፃን ማጫወቻ

بازی روی صفحه

የሰሌዳ ጨዋታ

تاس

የመጫወቻ ጠጠር

قطار اسباب بازی

የመጫወቻ ባቡር

پستانک

የእንጀራ እናት ጡጦ

مهمانی

ድግስ

کتاب مصور

የስዕል መፅሀፍ

توپ

ኳስ

عروسک

አሻንጉሊት

بازی کردن

መጫወት

جعبه شنی مخصوص بازی کودکان

....

የአሸዋ መጫወቻ

تاب

....

ዥዋዥዌ

اسباب بازی

....

መጫወቻዎች

کنسول بازی های کامپیوتری

....

የቪዲዮ መጫወቻ

سه چرخه

....

ባለ ሶስት ጎማ ብስክሌት

خرس عروسکی

....

የአሻንጉሊት ድብ

کمد لباس

....

ቁምሳጥን

لباس

አልባሳት

جوراب

....

ካልሲዎች

جوراب زنانه ساق بلند

....

ስቶኪንጎች

جوراب شلواری

....

ታይት

شال
የአንገት ፎጣ

كمربند
ቀበቶ

چتر
ጃንጥላ

تی شرت
ከናቴራ

پوتین
ቡቲ

دمپایی
የቤት ዉስጥ ነጠላ ጫማ

کفش ورزشی کتانی
ስኒከሮች

صندل	کفش	چکمه پلاستیکی
ነጠላ ጫማዎች	ጫማዎች	የዝናብ ቡትስ

شرت	سوتین	جلیقه
ሙታንታ	ጡት መያዣ	ስደርያ

بادی

ሰዉነት

شلوار

ሱሪዎች

جین

ጅንስ

دامن

ጉርድ ቀሚስ

بلوز

ሸሚዝ

پیراهن

ሸሚዝ

پولیور

የሚጠለቅ ሹራብ

سویی شرت

ሹራብ

نوعی کت

ዩኒፎርም ጃኬት

ژاکت

ጃኬት

کت بلند

ኮት

بارانی

የዝናብ ኮት

لباس نمایش

ልብስ

لباس

ቀሚስ

لباس عروس

የሙሽራ ቀሚስ

کت و شلوار

ሱፍ

لباس خواب زنانه

የለሊት ልብስ

پیژامه

የለሊት ልብስ

ساری

ረጅም ቀሚስ

روسری

ሂጃብ

عمامه

ጥምጣም

برقع

ቡርቃ

قبا

ሽርጥ

عبا

አባያ

لباس شنا

የዋና ልብስ

شرت شنا

አጭር ቁምጣ

شلوارک

ቁምጣዎች

لباس ورزشی

የስራ ቱታ

پیشبند

ሽርጥ

دستکش

ጓንት

دکمه

ቁልፍ

عینک

መነፅር

دستبند

አምባር

گردنبند

የአንገት ሀብል

انگشتر

ቀለበት

گوشواره

የጆሮ ጌጥ

کلاه لبه دار

ኮፍያ

چوب لباسی

የኮት መስቀያ

کلاه

ኮፍያ

کراوات

ከረቫት

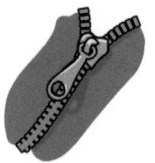

زیپ

ዚፕ

کلاه ایمنی

የብረት ቆብ

بند شلوار

መደገፊያ

لباس مدرسه

የትምህርት ቤት የደንብ ልብስ

لباس فرم

የደንብ ልብስ

ادار

ቢሮ

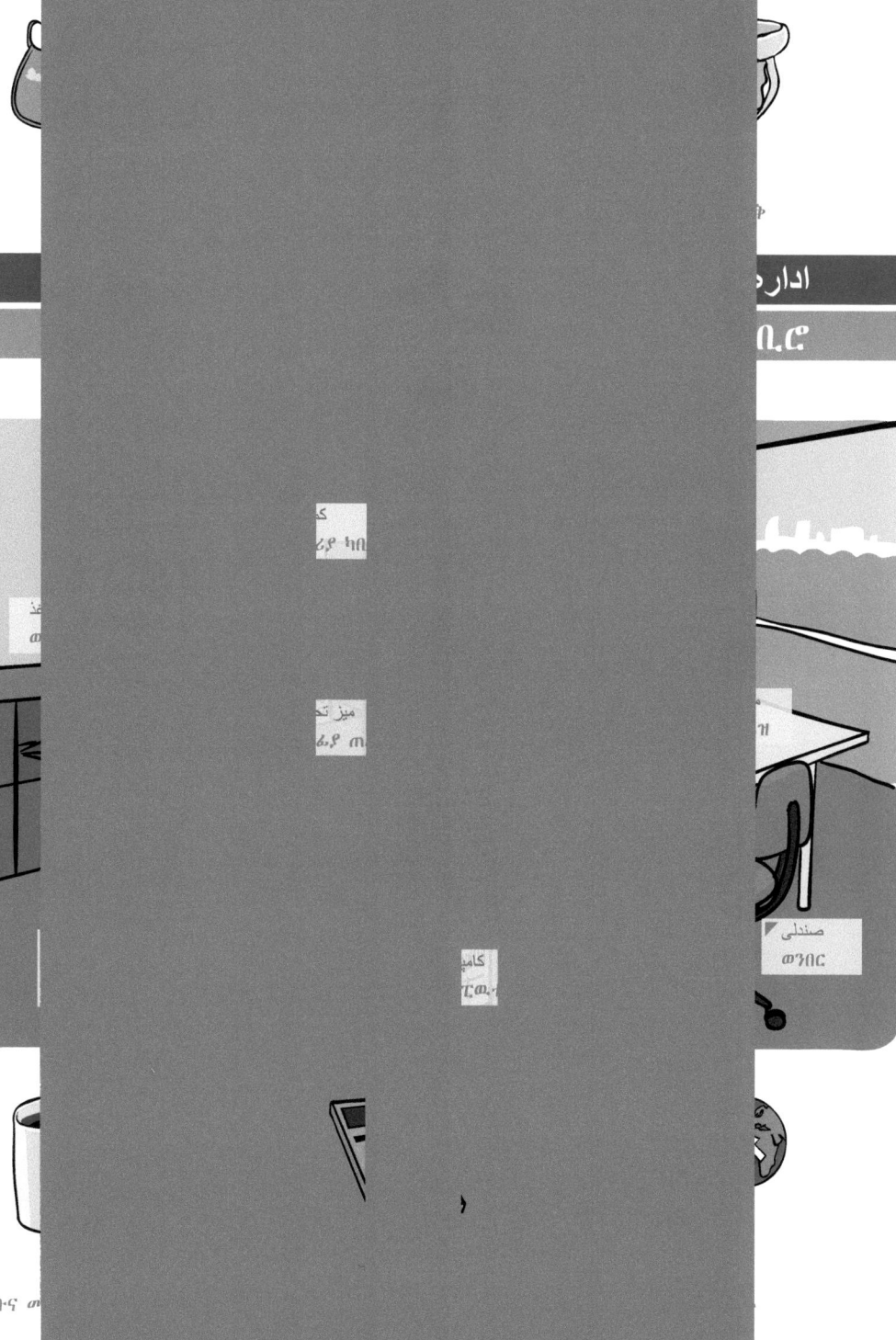

لپ تاپ

ላፕቶፕ

نامه

ደብዳቤ

پیغام

መልዕክት

تلفن همراه

ተንቀሳቃሽ ስልክ

شبکه ی ارتباطی

የግንኙነት አዉታር

دستگاه فتوکپی

ማባዣ ማሽን

نرم افزار

ሶፍትዌር

تلفن

ስልክ

پریز

የግድግዳ ሶኬት

دستگاه فاکس

የፋክስ ማሽን

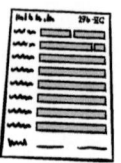

فرم

ቅፅ

مدرک

ሰነድ

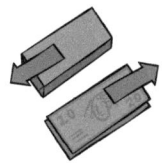

اقتصاد

ኢኮኖሚ

خریدن
....
መግዛት

پرداخت کردن
....
መክፈል

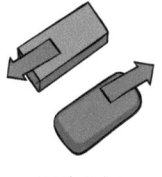

تجارت کردن
....
መነገድ

پول
....
ገንዘብ

دلار
....
ዶላር

یورو
....
ዩሮ

ین
....
የን

روبل
....
ሩብል

فرانک سوئیس
....
የስዊዝ ፍራንክ

یوان رنمینبی
....
ሬንሚንቢ ዩዋን

روپیه
....
ሩጲ

دستگاه خودپرداز
....
የገንዘብ ነጥብ

صرافی

የዉጭ ገንዘብ ምንዛሪ ቢሮ

طلا

ወርቅ

نقره

ብር

نفت

ዘይት

انرژی

ሀይል፤ ጉልበት

قیمت

ዋጋ

قرارداد

ግንኙነት

مالیات

ቀረጥ

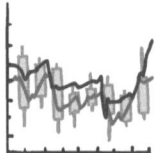

سهام سرمایه

አክስዮን

کار کردن

መስራት

کارمند

ተቀጣሪ

کارفرما

ቀጣሪ

کارخانه

ፋብሪካ

مغازه

ሱቅ

مشاغل

የስራ ሙያዎች

مامور پلیس
የፖሊስ አዛዥ
آتش نشان
የእሳት አደጋ ሰራተኛ
آشپز
ምግብ አብሳይ
دکتر
ዶክተር
خلبان
አብራሪ

باغبان

አትክልተኛ

نجار

አናጢ

خیاط زنانه

ልብስ ሰፊ ሴት

قاضی

ዳኛ

شیمیدان

ቀማሚ

بازیگر

ተዋናይ

راننده اتوبوس

የአዉቶቢስ ሹፌር

راننده تاکسی

የታክሲ ሹፌር

ماهیگیر

አሳ አጥማጅ

نظافتچی زن

ፅዳት ሰራተኛ

سقف ساز

የጣራ ሰራተኛ

پیشخدمت رستوران

አስተናጋጅ

شکارچی

አዳኝ

نقاش

ሰዓሊ

نانوا

ጋጋሪ

برقکار

የኤሌትሪክ ሰራተኛ

کارگر ساختمانی

ገምቢ

مهندس

መሃንዲስ

قصاب

ልኳንዳ

لوله کش

የቧንቧ ሰራተኛ

پستچی

የፖስታ ሰራተኛ

سرباز

ወታደር

معمار

መሃንዲስ

صندوقدار

የሒሳብ ሰራተኛ

گل فروش

አበባ ሻጭ

آرایشگر

የፀጉር ሰራተኛ

مامور کنترل بلیط در قطار

ቲኬት ቆራጭ

مکانیک

መካኒክ

ناخدا

ካፒቴን

دندانپزشک

የጥርስ ሐኪም

دانشمند

ተመራማሪ

عالم یهودی

መምህር

امام

የሙስሊም ሃይማኖታዊ መሪ

راهب

መነኩሴ

کشیش

ካህን

ابزارآلات
መሳሪያዎች

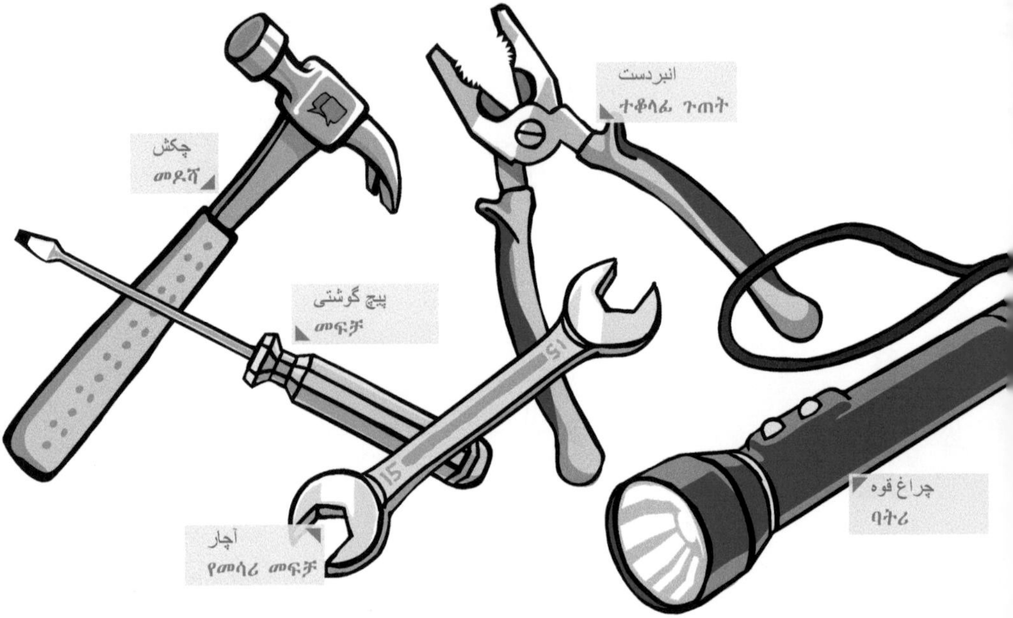

چکش
መዶሻ
انبردست
ተቆላፊ ጉጠት
پیچ گوشتی
መፍቻ
آچار
የመሳሪ መፍቻ
چراغ قوه
ባትሪ

بیل مکانیکی
በቁፋሮ የሚዝቅ

جعبه ابزار
የመፍቻ ሳጥን

نردبان
መሰላል

ارّه
መጋዝ

میخ
ምስማር

مته
መሰርሰሪያ

لعنتی!

የተረገ !

بیل

ካፋ

تعمیر کردن

ጠገን

پیچ

ብሎን

سطل رنگرزی

የቀለም ቆርቆሮ

خاک انداز

ቆሻሻ ማፈሻ

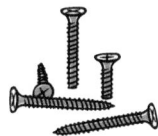

آلات موسیقی

የሙዚቃ መሳሪያዎች

بلندگو
የድምፅ ማጉያ ሳርያ
درامز
የከበሮ ሳሪያዎች
گیتار
ክራር ሰል የሙዚቃ ሳሪያ
ترومپت
የትንፋሽ ሙዚቃ ሳሪያ
کنترباس
ድርብ ቤዝ ጊታር

پیانو

ፒያኖ

ویولن

ቫዮሊን

گیتار بیس

ወፍራም፤ ጎርናና ድምፅ ያለዉ ክራር መሰል ሙዚቃ መሳሪያ

تیمپانی

ነጋሪት

طبل

ከበሮ

کیبورد الکتریک

በኤሌክትሪክ የሚሰራ ፒኖ

ساکسیفون

የትንፋሽ ሙዚቃ መሳሪያ

فلوت

ዋሽንት

میکروفون

የድምፅ ማጉያ

باغ وحش

የደር እንስሳት ማቆያ

ورودی
መግቢያ
ነብር
قفس
ሳጥን
گورخر
የሜዳ አህያ
خوراک حیوانات
የእንስሳ ምግብ
خرس پاندا
ትልቅ ድብ

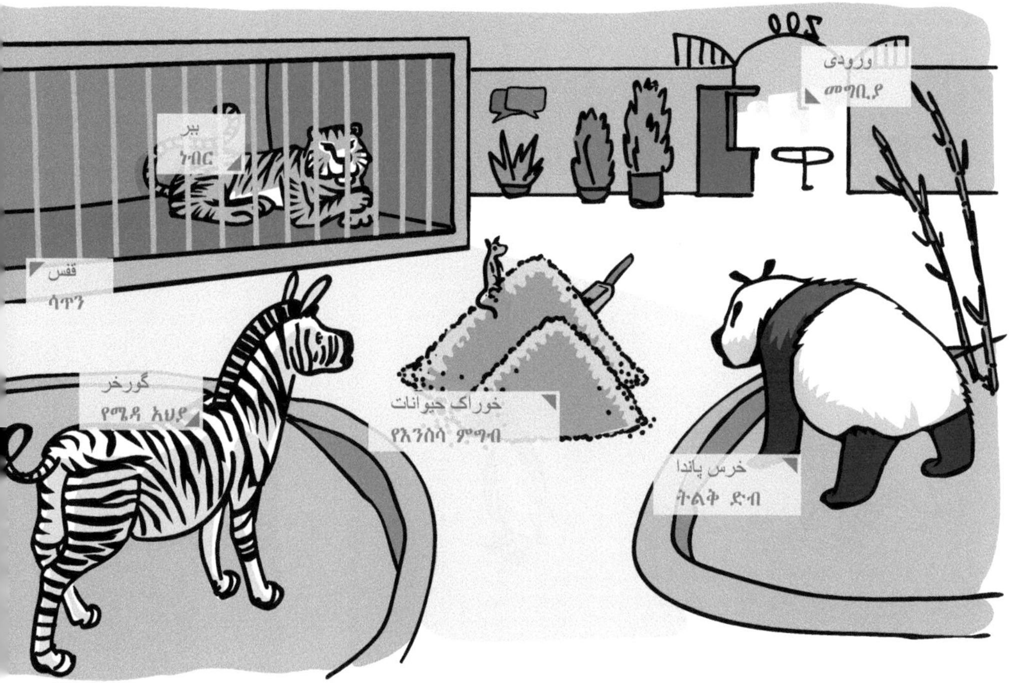

حیوانات

እንስሳቶች

فیل

ዝሆን

کانگورو

ካንጋሮ

کرگدن

አዉራሪስ

گوریل

ትልቅ ዝንጀሮ

خرس

ድብ

شتر

ግመል

شترمرغ

ሰጎን

شیر

አንበሳ

میمون

ጦጣ

فلامینگو

ቅልጥመ ረዥም ወፍ

طوطی

በቀቀን

خرس قطبی

የወዋልታ ድብ

پنگوئن

የዋልታ ወፎች

کوسه

ረጅም ጥርሶች ያሉትአሳ ነባሪ

طاووس

ጣዎስ

مار

እባብ

تمساح

አዞ

نگهبان باغ وحش

የዱር አራዊት የሚጠበቁበት ማቆያን የሚጠብቅ

خوک آبی

አሳ በሊታ የባህር እንስሳ

پلنگ امریکایی

የዱር ድመት

اسب کوچک

ድንክ ፈረስ

پلنگ

ነብር

اسب آبی

ጉማሬ

زرافه

ቀጭኔ

عقاب

ንስር

گراز

ከርከሮ

ماهی

አሳ

لاک پشت

የባህር ኤሊ

شیرماهی

የባህር አውሬ

روباه

ቀበሮ

غزال

የሜዳ ፍየል፤ሚዳቋ

ورزش ها

የስፖርት አይነቶች

فوتبال آمریکایی
የአሜሪካ እግርኳስ
دوچرخه سواری
የብስክሌት ስፖርት
تنیس
ቴኒስ
بسکتبال
የቅርጫት ኳስ
شنا
ዋና
بوکس
የቡጢ ስፖርት
هاکی روی یخ
የበረዶ ላይ የገና ጨዋታ

فوتبال

እግር ኳስ

بدمینتون

የላበ ኳስ ጨዋታ

دوومیدانی

አትሌቲክስ

هندبال

የእጅ ኳስ ስፖርት

اسکی

የበረዶ መንሸራተት ስፖርት

پولو

ፈረስ ግልቢያ

خندیدن
መሳቅ
پریدن
መዝለል
بغل کردن
ማቀፍ
راه رفتن
آواز خواندن
መዘመር
رؤیا دیدن
ህልም ማለም
دعا کردن
መፀለይ
بوسیدن
መሳም

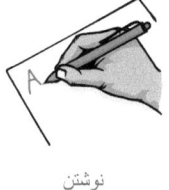

نوشتن

መፃፍ

رسم کردن

መሳል

نشان دادن

ማሳየት

هل دادن

መግፋት

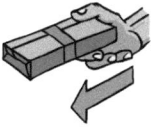

دادن

መስጠት

برداشتن

መዉሰድ

داشتن
....
መያዝ

انجام دادن
....
ማድረግ

بودن
....
መሆን

ایستادن
....
መቆም

دویدن
....
መሮጥ

کشیدن
....
መሳብ

پرتاب کردن
....
መወርወር

افتادن
....
መዉደቅ

دراز کشیدن
....
መዋሸት

منتظر بودن
....
መጠበቅ

حمل کردن
....
መሸከም

نشستن
....
መቀመጥ

لباس پوشیدن
....
መልበስ

خوابیدن
....
መተኛት

بیدار شدن
....
መንቃት

تماشا کردن

....

መመልከት

گریه کردن

....

ማልቀስ

نوازش کردن

....

መጫር

شانه کردن

....

ማበጠር

حرف زدن

....

ማውራት

فهمیدن

....

መረዳት

پرسیدن

....

ጥያቄ

شنیدن

....

ማዳመጥ

آشامیدن

....

መጠጣት

خوردن

....

መብላት

مرتب کردن

....

ማንፃት

عاشق بودن

....

ማፍቀር

پختن

....

ምግብ ማብሰል

رانندگی کردن

....

መንዳት

پرواز کردن

....

መብረር

قایقرانی کردن

መርከብ መንዳት

محاسبه کردن

ቁጥሮችን ማስላት

خواندن

ማንበብ

یاد گرفتن

መማር

کار کردن

መስራት

ازدواج کردن

ማግባት

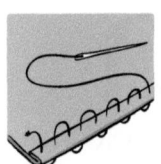

دوختن

መስፋት

مسواک زدن

ጥርስ መቦረሽ

کشتن

መግደል

سیگار کشیدن

ማጨስ

فرستادن

መላክ

خانواده
ቤተሰብ

مادربزرگ
የሴት አያት
پدربزرگ
የወንድ አያት
پدر
አባት
مادر
እናት
کودک
فرزند دختر
فرزند پسر
ወንድ ልጅ

مهمان

እንግዳ

خاله، عمه

አክስት

دایی، عمو

አጎት

برادر

ወንድም

خواهر

እህት

بدن

አካል

پیشانی
ግንባር
چشم
አይን
شانه
ትከሻ
انگشت دست
ጣት
صورت
ፊት
چانه
አገጭ
دست
እጅ
ساق پا
እግር
سینه
ጡት
بازو
ክንድ

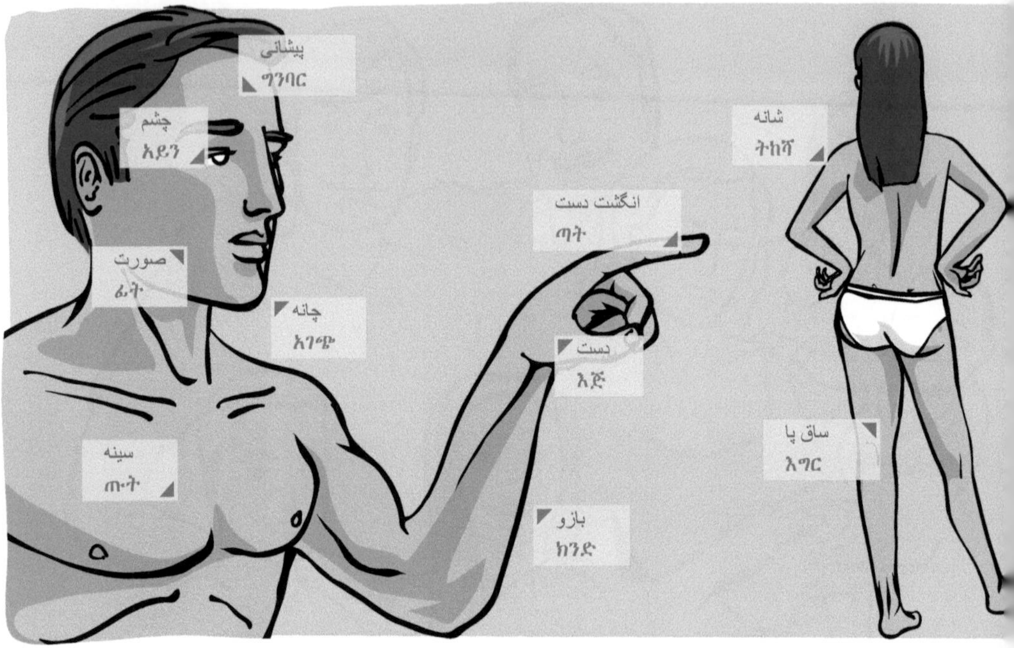

کودک

ህፃን

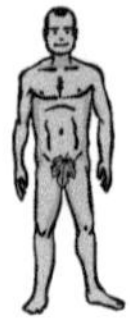

مرد

ሰዉ

زن

ሴት

دختربچه

ልጃገረድ

پسربچه

ወንድ ልጅ

کله

ራስ

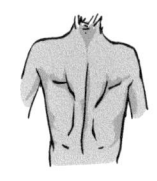

کمر

ጀርባ

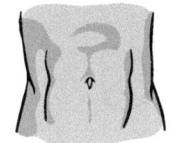

شکم

ሆድ

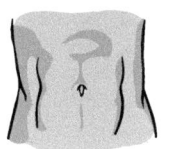

ناف

እምብርት

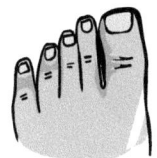

انگشت پا

የእግር ጣት

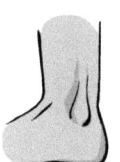

پاشنه

ተረከዝ

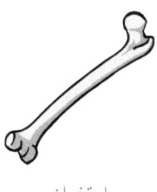

استخوان

አጥንት

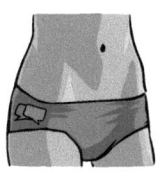

لگن

ዳሌ

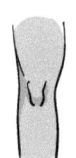

زانو

ጉልበት

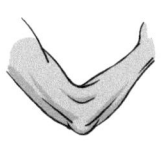

آرنج

ክርን

بینی

አፍንጫ

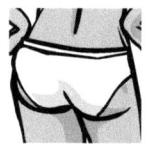

نشیمنگاه

ቂጥ

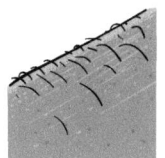

پوست

ቆዳ

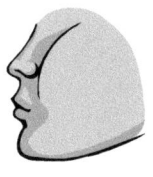

گونه

ጉንጭ

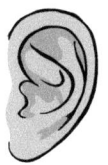

گوش

ጆሮ

لب

ከንፈር

دهان

አፍ

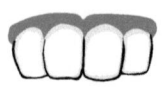

دندان

ጥርስ

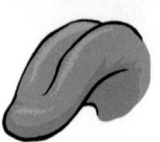

زبان

ምላስ

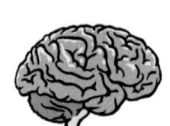

مغز

አንጎል

قلب

ልብ

عضله

ጡንቻ

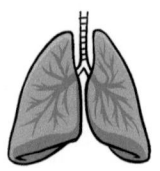

ريه

ሳምባ

كبد

ጉበት

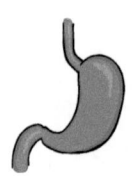

معده

ሆድ

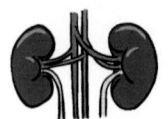

كليه

ኩላሊቶች

آمیزش جنسی

የግብረስጋ ግንኙነት

كاندوم

ኮንዶም

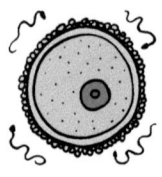

تخمک

የሴት እንቁላል

اسپرم

የዘር ፈሳሽ

حاملگی

እርግዝና

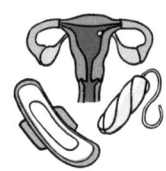

پریود

የወር አበባ

واژن

እምስ

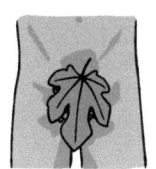

آلت تناسلی مرد

ቁላ

ابرو

ቅንድብ

مو

ፀጉር

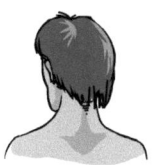

گردن

አንገት

بیمارستان

ሆስፒታል

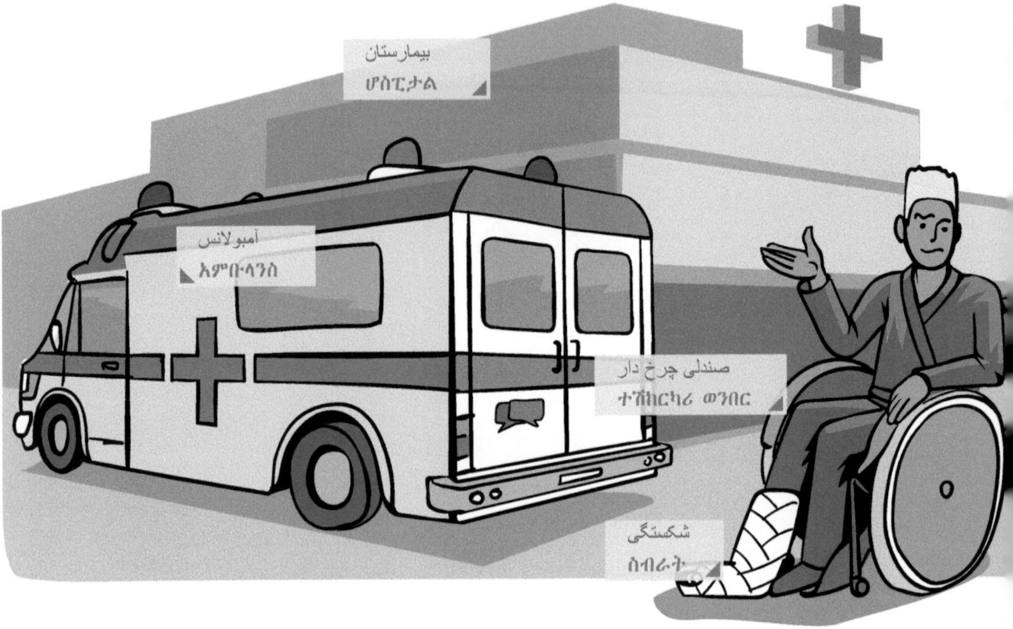

آمبولانس
አምቡላንስ
صندلی چرخ دار
ተሽከርካሪ ወንበር
شکستگی
ስብራት

دکتر

ዶክተር

بخش اورژانس

ድንገተኛ ክፍል

پرستار

ነርስ

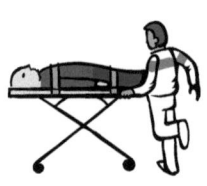

موقعیت اضطراری

ድንገተኛ

بی هوش

ራስን መሳት/ አለማወቅ

درد

ህመም

مصدومیت

ጉዳት

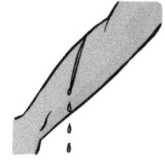

خونریزی

መድማት

سکته قلبی

የልብ ድካም

سکته مغزی

ስትሮክ

آلرژی

አለርጂ

سرفه

ሳል

تب

ትኩሳት

آنفولانزا

ኢንፍሎዌንዛ

اسهال

ተቅማጥ

سردرد

የራስ ምታት

سرطان

ካንሰር

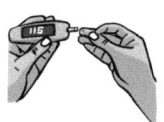

دیابت

የስኳር በሽታ

جراح

ቀዶ ጠጋኝ ሐኪም

چاقوی جراحی

የቀዶ ጥገና ስለት

عمل جراحی

ቀዶ ጥገና

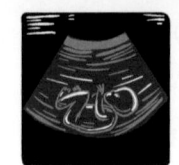

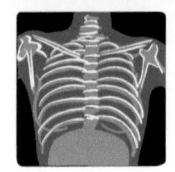

سی تی اسکن

ሲ.ቲ

پرتونگاری

ኤክስሬዮ

سونوگرافی

አልትራሳዉንድ

ماسک صورت

የፊት ጭምብል

بیماری

በሽታ

اتاق انتظار

መጠበቂያ ክፍል

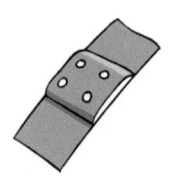

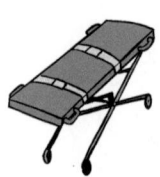

چوب زیر بغل

ምርኩዝ

چسب زخم

የቁስል ማሸጊያ

پانسمان

ፋሻ

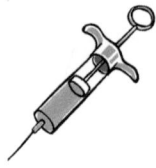

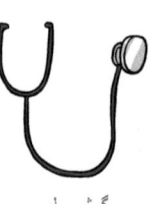

تزریق

መርፌ

گوشی طبی

የልብ ምት ማዳመጫ መሳሪያ

برانکار

የበሽተኛ አልጋ

دماسنج

የህክምና ሙቀት መለኪያ መሳሪያ

زایش

መውለድ

اضافه وزن

ከልክ ያለፈ ክብደት

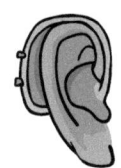

سمعک

ለመስማት የሚረዳ መሳሪያ

ماده ضد غفونی کننده

ፀረ ተባይ መድሀኒት

عفونت

ማመርቀዝ

ویروس

ቫይረስ

اچ آی وی / ایدز

ኤች አይቪ ኤድስ

دارو

ህክምና

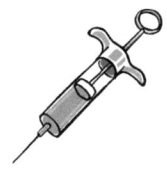

واکسیناسیون

ክትባት

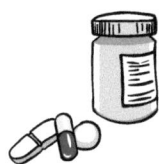

قرص

ኪኒን

قرص ضد حاملگی

ኪኒን

تماس اظطراری

አስቸኳይ የስልክ ጥሪ

دستگاه اندازه گیری فشارخون

ደም ግፊት መቆጣጠሪያ

مریض / سالم

ህመም/ ጤንነት

کمک!

እርዳታ!

آژیر خطر

ማንቂያ ደወል

حمله

ጥቃት

حمله ی فیزیکی

ድብደባ

خطر

አደጋ

خروج اظطراری

የድንገተኛ መዉጫ

آتش

እሳት!

کپسول آتش‌نشانی

እሳት ማጥፊያ

تصادف

አደጋ

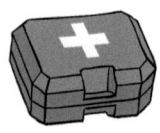

جعبه کمک های اولیه

የመጀመሪያ እርዳታ መድሃኒት መያዣ

درخواست کمک

ነፍስ አድን

پلیس

ፖሊስ

کره زمین

ምድር

اروپا

አዉሮፓ

آمریکای شمالی

ሰሜን አሜሪካ

آمریکای جنوبی

ደቡብ አሜሪካ

آفریقا

አፍሪካ

آسیا

እስያ

استرالیا

አዉስ ራሊያ

اقیا نوس اطلس

አ ላንቲክ

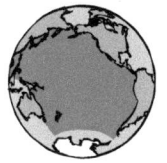

اقیانوس آرام

ፓስፊክ

اقیانوس هند

የህንድ ዉቅያኖስ

اقیا نوس اطلس جنوبی

አንታርክቲክ ዉቅያኖስ

اقیانوس منجمد شمالی

አርክቲክ ዉቅያኖስ

قطب شمال

ሰሜን ዋልታ

قطب جنوب
....
ደቡብ ዋልታ

قاره قطب جنوب
....
አንታርክቲካ

کره زمین
....
ምድር

سرزمین
....
መሬት

دریا
....
ባህር

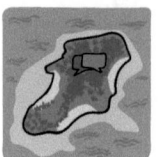

جزیره
....
ደሴት

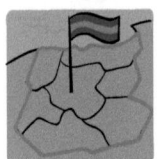

ملت
....
አገርና ህዝብ

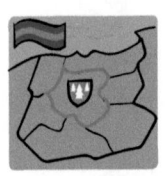

کشور
....
መንግስት

ساعت

ሰዓት

صفحه ی ساعت

የሰዓት ገፅታ

ساعت شمار

ሰዓት

دقیقه شمار

ደቂቃ

ثانیه شمار

ሴኮንድ

ساعت چند است؟

ስንት ሰዓት ነው?

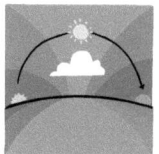

روز

ቀን

زمان

ጊዜ

اکنون

አሁን

ساعت دیجیتال

የቁጥር ሰዐት

دقیقه

ደቂቃ

ساعت

ሰዓታት

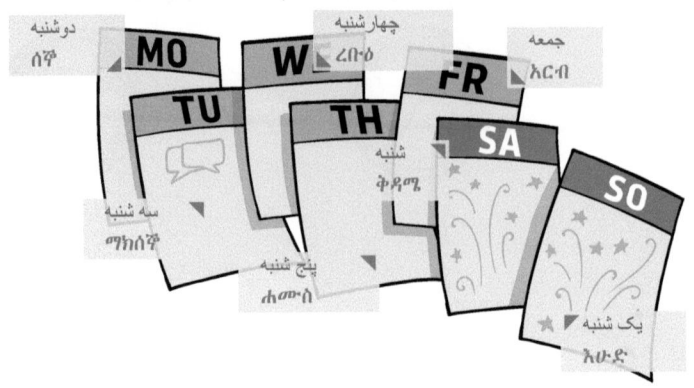

دوشنبه
ሰኞ

MO

چهارشنبه
ረቡዕ W

جمعه
ዓርብ FR

TU

سه شنبه
ማክሰኞ

TH

شنبه
ቅዳሜ SA

SO

پنج شنبه
ሐሙስ

یک شنبه
እሁድ

دیروز

ትላንት

امروز

ዛሬ

فردا

ነገ

صبح

ማለዳ

ظهر

ቀትር

غروب

ምሽት

MO	TU	WE	TH	FR	SA	SU
1	2	3	4	5	6	7
8	9	10	11	12	13	14
15	16	17	18	19	20	21
22	23	24	25	26	27	28
29	30	31	1	2	3	4

روزهای کاری

የስራ ቀናት

MO	TU	WE	TH	FR	SA	SU
1	2	3	4	5	6	7
8	9	10	11	12	13	14
15	16	17	18	19	20	21
22	23	24	25	26	27	28
29	30	31	1	2	3	4

آخر هفته

የዕረፍት ቀናት

سال

ዓመት

باران
ዝናብ
رنگین کمان
برف
ጥጥ የሚመስል አመዳይ
በረዶ
بهار
ፀደይ
تابستان
በጋ
پاییز
መኸር
زمستان
ክረምት

4.APRIL 11°
5.APRIL 4°
6.APRIL 13°
7.APRIL 8°
8.APRIL 10°

پیش‌بینی اوضاع جوی

....

የአየር ሁኔታ ትንበያ

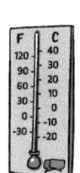

دماسنج

....

የሙቀት መለኪያ

تابش آفتاب

....

የፀሀይ ሙቀት

ابر

....

ደመና

مِه

....

ጭጋግ

رطوبت هوا

....

እርጥበታማነት

صاعقه

....

መብረቅ

آسمان غره

....

ነጎድጓድ

طوفان

....

አዉሎ ንፋስ

تگرگ

....

የበረዶ ዝናብ

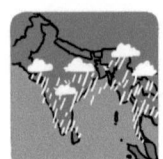

باد موسمی.

....

አዉሎ ንፋስ

سیل

....

ጎርፍ

یخ

....

በረዶ

ژانویه

....

ጥር

فوریه

....

የካቲት

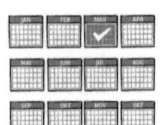

مارس

....

መጋቢት

آوریل

....

ሚያዚያ

مه

....

ግንቦት

ژوئن

....

ሰኔ

ژوئیه

....

ሐምሌ

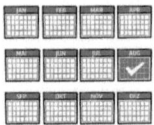

آگوست

....

ነሀሴ

سپتامبر

መስከረም

اُکتبر

ጥቅምት

نوامبر

ህዳር

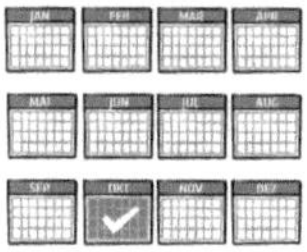

دسامبر

ታህሳስ

اَشکال

ቅርፆች

دایره

ክብ

مربع

አራት ማዕዘን

مستطیل

አራት ቀጥተኛ ማዕዘኖች ጎኖች ያሉት ቅርፅ

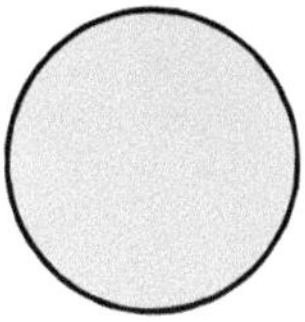

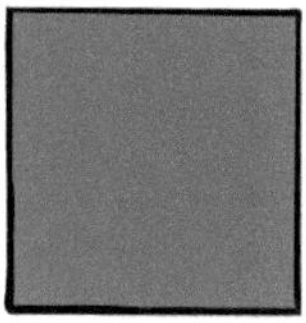

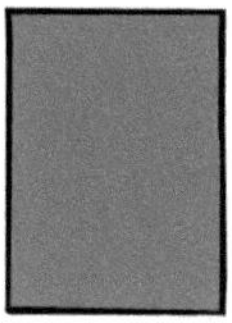

سه گوش

ሶስት ማዕዘን

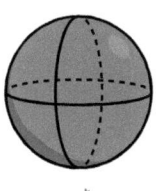

کُره

ሉል

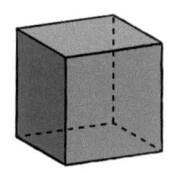

مکعب مربع

ስድስት ጎን ያለዉ ቅርፅ

رنگ ها

ለማት

سفید

ነጭ

زرد

ቢጫ

نارنجی

ብርቱካናማ

صورتی

ሮዝ

قرمز

ቀይ

بنفش

ወይን ጠጅ

آبی

ሰማያዊ

سبز

አረንጓዴ

قهوه ای

ቡኒ

خاکستری

ግራጫ

سیاه

ጥቁር

متضاد ها

ተቃራኒዎች

زیبا / زشت

ቆንጆ/ አስቀያሚ

خشمگین/ آرام

ንዴት/ እርጋታ

خیلی / کم

ብዙ/ ጥቂት

روشن / تیره

ደማቅ/ ደብዛዛ

بزرگ / کوچک

ትልቅ/ ትንሽ

شروع / پایان

ጅማሬ/ ፍፃሜ

کامل / ناقص

የተሟላ/ ያልተሟላ

تمیز / آلوده

ንፁህ/ ቆሻሻ

برادر / خواهر

ወንድም/ እህት

پهن / باریک

ሰፊ/ ጠባብ

مرده / زنده

የሞተ/ ህያዉ

روز / شب

ቀን/ ምሽት

قابل خوردن / غیر قابل خوردن

....

የሚበላ/ የማይበላ

غضبناک / مهربان

ክፉ/ ደግ

هیجان زده / بی حوصله

ደስተኛ/ ድብርተኛ

چاق / لاغر

....

ወፍራም/ ቀጭን

اولین / آخرین

መጀመርያ/ መጨረሻ

دوست / دشمن

ጓደኛ/ ጠላት

پر / خالی

....

ሙሉ/ ጎዶሎ

سفت / نرم

ጠንካራ/ ለስላሳ

سنگین / سبک

ከባድ/ ቀላል

گرسنگی / تشنگی

....

ረሃብ/ ጥማት

مریض / سالم

ህመም/ ጤንነት

غیرقانونی / قانونی

ህገወጥ/ ህጋዊ

باهوش / خنگ

....

ጎበዝ/ ደደብ

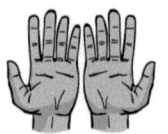

چپ / راست

ግራ/ ቀኝ

نزدیک / دور

ቅርብ/ ሩቅ

نو / استفاده شده

....

አዲስ/ አሮጌ

هیچ چیز / چیزی

....

ምንም/ የሆነ ነገር

پیر / جوان

....

ሽማግሌ/ ወጣት

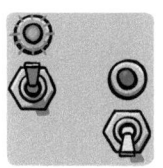

روشن / خاموش

....

የበራ/ የጠፋ

باز / بسته

....

ክፍት/ ዝግ

آهسته / بلند

....

ፀጥታ/ ጫጫታ

ثروتمند / فقیر

....

ሃብታም/ ደሃ

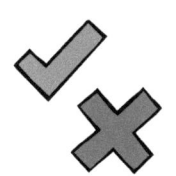

درست / غلط

....

ትክክለኛ/ የተሳሳተ

زبر / صاف

....

ሻካራ/ ለስላሳ

غمگین / خوشحال

....

ሐዘን/ ደስታ

کوتاه / بلند

....

አጭር/ ረዥም

کند / تند

....

ዝግተኛ/ ፈጣን

تر / خشک

....

እርጥብ/ ደረቅ

گرم / خنک

....

ሞቃት/ ቀዝቃዛ

جنگ / صلح

....

ጦርነት/ ሰላም

ቁጥሮች

0

صفر

ዜሮ

1

یک

አንድ

2

دو

ሁለት

3

سه

ሶስት

4

چهار

አራት

5

پنج

አምስት

6

شش

ስድስት

7

هفت

ሰባት

8

هشت

ስምንት

9

نه

ዘጠኝ

10

دَه

አስር

11

یازده

አስራ አንድ

12

دوازده

አስራ ሁለት

13

سیزده

አስራ ሶስት

14

چهارده

አስራ አራት

15

پانزده

አስራ አምስት

16

شانزده

አስራ ስድስት

17

هفده

አስራ ሰባት

18

هجده

አስራ ሰስምንት

19

نوزده

አስራ ዘጠኝ

20

بیست

ሃያ

100

صد

መቶ

1.000

هزار

ሺህ

1.000.000

میلیون

ሚሊዮን

زبان ها

ቋንቋዎች

انگلیسی

....

እንግሊዝኛ

انگلیسی آمریکایی

....

የአሜሪካ እንግሊዝኛ

چینی ماندارین

....

የቻይና ማንዳሪን

هندی

....

ሂንዱ

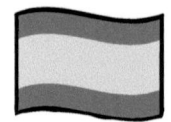

اسپانیایی

....

ስፓኒሽ

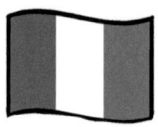

فرانسوی

....

ፍሬንች

عربی

....

አረብኛ

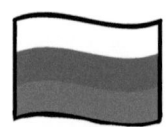

روسی

....

ራሺያኛ

پرتغالی

....

ፖርቹጊዝ

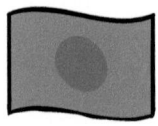

بنگالی

....

ቤንጋሊ

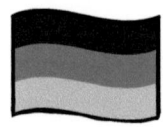

آلمانی

....

ጀርመን

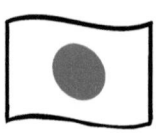

ژاپنی

....

ጃፓንኛ

چه کسی / چه چیزی / چگونه
ማን/ ምን/ እንዴት

من

እኔ

تو

አንተ

او

እሱ/ እርሷ/ እቃዉ

ما

እኛ

شما

አንተ

آنها

እነርሱ

چه کسی؟ کی؟

ማን?

چی؟

ምን?

چگونه؟

እንዴት?

کجا؟

የት?

کِی؟

መቼ?

نام

ስም

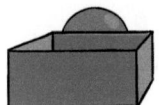

کجا

የት

پشت

በስተጀርባ

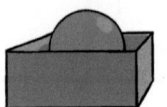

توی

ዉስጥ

جلو

ከፊት ለፊት

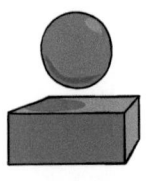

بالای

ከላይ

روی

ላይ

زیر

ከስር

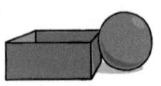

مجاور

አጠገብ

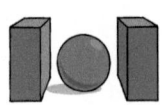

بین

መሃከል

مکان

ቦታ